Thank you to for purchasing the Konnectd Kids Saint Patricks day Educational Activity Book.

Do you want to receive free books, and get early access to books before they are released? Then come and join the Konnectd Kids Tribe by heading over to www.konnectdkids.com and clicking on the 'FREE" menu.

If you and your kids enjoyed this book, we would love for you to leave a review on Amazon. You can do this by going to the below link.

www.konnectdkids.com/review

If you are not satisfied with this book, then drop us an email at beawesome@konnectdkids.com and we will sort the problem.

Copyright

KONNECTD KIDS
KONNECTD SUPPLY
Supply Mechanix LLC
30 N Gould St STE R
Sheridan, Wyoming, 82801
United States of America
www.konnectdkids.com
www.konnectdsupply.com
beawesome@konnectdkids.com

Facebook.com/konnectdkids
Instagram.com/konnectdkids

D1275449

FREE COLORING BOOK

Get our Konnectd Kids coloring book filled with a variety of over 100 exciting coloring images for kids of all ages.

All you have to do is **scan the code above** with your smartphone camera or enter the link below in your Internet browser to claim your offer!

https://neon.ly/freebook

Visit us at
www.konnectdkids.com

Our Products
www.etsy.com/shop/konnectd
konnectd.redbubble.com

Our Books
www.konnectdkids.com/books
www.konnectdsupply.com

Find us on Instagram
@Konnectdkids

Follow us on Facebook
facebook.com/Konnectdkids

St. Patrick's Day

Educational Activity Book

Ages 4-8

INCLUDES:
- Word Searches
- Find & Color
- and more!!!

HISTORY OF ST. PATRICK'S DAY. ABOUT ST. PATRICK. LEPRACHAUNS. THE SHAMROCK AND OTHER IRISH FACTS!!!

FOR PARENTS

Top of the morning to you! Thank you for purchasing this book that celebrates Saint Patrick's day and provides some background for your children about the day and why it is celebrated.

Use this book to work through with your kids the information at the front as well as the puzzles in the back of the book as a fun way to learn about Saint Patrick and Ireland.

This book looks to answer these common questions about Saint Patrick's day.

- What is Saint Patricks Day?
- Who was Saint Patrick?
- How do people celebrate the day?
- Myths and Legends?
- Why Green?
- What is the traditional St. Patrick day food?
- What is a Leprechaun?
- What is a Shamrock?

You will find puzzles such as wordsearch, word scramble, mazes and even St. Patrick Sudoku for the kids to complete in this book.

Solutions can be found for each at the back of the book.

Thanks again for purchasing our book and check out our other kids books on our website www.konnectdkids.com.

have a fantastic Saint Patricks Day where ever in the world you are celebrating it!

WHAT IS ST PATRICKS DAY?

Saint Patricks day is on the 17th of March every year and is the day that people celebrate the patron Saint of Ireland, Saint Patrick. He is said to have died on the 17th of March 461 and it is therefore the day that his life is celebrated.

The Irish people are great travellers and emigrated to search for new opportunities in places such as America, Asia, Australia and across the world.

As a way to retain their heritage and celebrate being Irish, St Patricks Day was celebrated in their new countries, especially America. It has grown from just celebrating the patron Saint of Ireland, to now being a day of Irish celebration around the world.

It is considered so popular, that it is said to be celebrated in more countries than any other national festival.

WHO WAS SAINT PATRICK?

Saint Patrick, it turns out wasn't even Irish. That's right! He was born in England, but at the age of 16 he was kidnapped and taken to Ireland to be a slave.

After 17 years in Ireland as a slave, he managed to escape and leave the country. He later ended up returning in 432 in a mission to convert the Irish to Christianity.

During his mission in Ireland, he helped to established schools, churches and monasteries.

With his teaching and the establishment of churches across the count St. Patrick was responsible for helping Christianity flourish in Ireland.

WHAT MYTHS AND LEGENDS ARE ASSOCIATED WITH SAINT PATRICK?

Due to his great work in Ireland, many myths and legends grew up around Saint Patrick. It is said that he drove the snakes out of Ireland, but no one has been able to verify if there were ever snakes in the island country.

He is also associated with the shamrock, also known as the clover. It is believed that he used it as a teaching aid to explain the Christian trinity with its 3 leaves.

He was never associated with the 4-leaf clover, which occurs every now and then in nature, and is associated with luck if you were to find one, since they are so rare to find.

The **Luck of the Irish** saying didn't actually come from Ireland but from the American gold rush where some of the most successful gold miners were Irish or American Irish. Over time the expression that someone had the 'Luck of the Irish' stuck and has been associated with the Irish ever since.

HOW DO PEOPLE CELEBRATE SAINT PATRICKS DAY?

In the past, Saint Patricks day was celebrated with religious services and feasts. It has since evolved with many places around the world holding parades with Irish bands, floats and lots of people dressed in Green.

In the United States Saint Patrick celebrations were first held in Boston in 1737. New York had the first St. Patricks day parade in 1762.

Chicago, even changes the color of the river that runs through the city to be green on Saint Patricks day, and has done every year since 1962.

*Since this book is in black and white you will just have to imagine That the river in this picture is bright green! Google 'Green Chicago River' To see it in all its full color glory ☺

WHY DOES EVERYONE WEAR GREEN?

Interestingly the original color associated with St. Patrick was blue! However, over time green has become the color everyone associated with Ireland and Saint Patricks Day.

It is thought that wearing green goes back to when Irish solders held off British invaders who wore red. The Irish of course wore green. Ireland has a lot of association with the color green, and the island country is even referred to as the Emerald (Green) Isle's dues to its green pastures and the green shamrock.

Even Leprechauns, an Irish mythical person originally started out wearing red. They are said to be cheeky creatures who like to pinch people, however if you are wearing green you can not be seen by a Leprechaun and can avoid their naughty pinching.

WHAT DO PEOPLE EAT ON ST PATRICKS DAY?

There is no set menu for Saint Patricks Day, however cabbage and corned beef are normally associated with the holiday. This is due to these meals being easily available and not very expensive to prepare in years where people did not have a lot of money. This tradition has carried through.

A lot of people don't like corned beef and cabbage, so you don't have to eat it on Saint Patrick's day ☺

"St. Patricks' Day Feast" by thebittenword.com is licensed under CC BY 2.0

DO YOU HAVE TO BE IRISH TO CELEBRATE ST. PATRICKS?

Not at all, people of all nationalities get behind St. Patrick Day celebrations and participate by wearing green on the day as a mark of respect to the Irish and to join in with the fun.

WHAT IS A LEPRECHAUN?

Leprechauns come from Irish myth and folk law. The are described as little men who wear green traditional Irish suits and normally have ginger hair. Leprechauns are normally shown as men.

During St. Patricks day a lot of people dress as Leprechauns. It is one of the most recognised symbols of being linked with the Irish, along with the Shamrock and Harp.

Leprechauns are normally associated with pots of gold and rainbows. It is said that if you follow a rainbow to its very end that you will find a pot of gold left by a Leprechaun.

Legend tells that Leprechauns are not able to see the color green, so by wearing green on St. Patricks day can prevent you getting your bottom pinched by these naughty creatures

WHAT IS A SHAMROCK?

The shamrock is a clover. It is the adopted symbol of the Irish and represents the "rebirth of spring". During the time when Ireland was being invaded by the British, people would wear the shamrock as a symbol of their Irish heritage.

WHERE IS IRELAND?

Ireland is the third largest island in Europe and is located next to Great Britain in the Northern hemisphere.

It is to the west of Great Britain and to the south of Northern Island

It is a republic and is known as the Republic of Ireland. A republic is a country that is ruled by the people and does not have a King or a Queen. It has an elected president that leads the country.

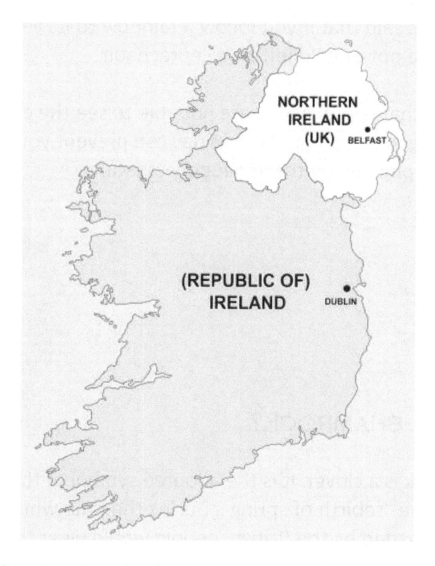

"Map of Ireland's capitals.png" at English Wikipedia. is licensed under CC BY-SA 3.0

FACTS ABOUT IRELAND

Ireland has a population of five million people and is 68,890 square kilometres or 26,600 square miles. It is about the same land size as West Virginia in the USA.

It has a population of 5.1 million people (2020) with the capital city of Dublin having 1.2 million of those inhabitants.

The official languages spoke in Ireland are English and Irish Gaelic.

The country shares a boarder with Northern Island that is owned and governed by the United Kingdom (UK)

Ireland is known as the 'Emerald Isle' due to its green pastures and rolling hills.

It has a temperate climate which can be humid at times, but mainly has mild winters and cool summers.

WORD SEARCH

Do you have the luck of the Irish? In the following word search puzzles, you will find hidden words about Ireland and saint Patrick's day to find.

Words on the left are listed that are hidden in the word search puzzle. Words are placed forwards, backwards, up and down. They are also placed diagonally.

Search through and see how many you can find! Answers are in the back of the book.

emerald green

harp

jig

Pot

seventeenth

F	H	H	T	N	P	I	R	D	I	Q	I	X	I
W	F	L	C	C	F	K	P	L	I	F	B	K	M
G	B	H	Q	M	A	P	L	X	B	F	M	C	X
U	H	T	N	E	E	T	N	E	V	E	S	H	H
S	X	X	O	J	V	U	P	Z	B	R	T	Q	E
J	W	D	L	P	G	D	L	Q	Z	V	W	T	C
U	J	K	Z	I	K	G	U	K	H	H	O	B	T
X	T	O	P	G	P	B	C	Z	J	A	F	D	X
E	M	E	R	A	L	D	G	R	E	E	N	J	V
G	B	F	L	X	X	Q	H	X	V	I	K	G	V
B	P	R	Z	R	J	F	L	P	R	A	H	I	J
W	F	L	G	D	C	N	N	W	P	T	A	J	P

forever

Gaelic

genuine

joyous

rainbow

A	T	C	Q	W	A	P	W	Z	Z	C	D	J	P
D	V	W	K	N	R	W	Q	U	E	E	S	V	F
R	E	V	E	R	O	F	U	F	P	U	R	E	O
W	R	Z	L	I	L	J	B	K	D	V	O	F	R
G	A	E	L	I	C	R	B	X	J	S	A	A	P
Z	J	L	A	L	K	B	M	C	Q	O	M	J	G
F	G	P	X	Z	O	E	Z	C	M	X	E	H	U
Z	M	K	K	J	D	A	N	R	U	J	H	J	L
F	U	P	Q	L	I	W	O	B	N	I	A	R	R
S	X	J	D	L	R	E	N	I	U	N	E	G	W
O	S	K	S	U	W	J	T	O	R	T	F	M	S
G	R	H	S	U	O	Y	O	J	V	O	N	J	O

fantastic

happiest

Ireland

Jig

March

F	H	N	A	X	H	R	D	A	J	V	E	S	G
B	L	O	L	E	B	C	W	N	E	E	D	G	K
G	S	F	O	V	H	H	K	Q	A	J	I	G	L
C	T	Q	G	M	A	F	O	B	A	L	M	A	V
I	V	V	P	J	P	Z	L	H	S	N	E	Q	J
C	J	F	Z	W	P	R	H	W	C	U	Q	R	R
U	V	W	F	K	I	Q	C	X	D	X	M	K	I
L	O	J	J	Q	E	E	S	W	E	A	C	L	T
U	B	F	T	C	S	G	E	Z	A	Q	B	Q	Z
H	C	R	A	M	T	H	I	G	G	O	S	B	J
Z	W	C	B	D	B	Z	U	F	X	W	J	U	N
R	P	U	F	A	N	T	A	S	T	I	C	K	U

cheerful

coins

Dublin

magical

Paddy's

D	U	B	L	I	N	W	Q	U	T	X	D	P	K
X	P	I	Z	A	C	V	O	T	M	M	A	A	J
C	H	E	E	R	F	U	L	A	S	F	N	D	C
W	A	H	B	Z	O	H	G	G	S	C	B	D	N
R	Q	Z	B	L	V	I	W	A	O	K	X	Y	S
R	P	Q	G	X	C	H	P	I	N	L	S	'	L
L	F	K	W	A	H	E	N	P	H	R	K	S	A
N	S	O	L	E	K	S	J	P	X	V	F	P	B
F	P	T	P	M	H	J	F	J	I	C	U	S	Z
Z	B	D	D	H	X	C	E	A	N	H	R	M	U
R	N	M	K	C	X	R	X	B	Q	F	N	G	N
O	J	Q	K	W	R	B	T	E	B	J	F	X	W

bog

Celtic

Dublin

Irish green

shillelagh

F	Q	A	K	M	O	S	N	I	L	B	U	D	Z
O	N	S	F	H	G	A	L	E	L	L	I	H	S
W	P	E	P	T	N	K	T	T	E	C	H	H	C
S	P	W	O	R	S	Z	I	T	E	O	C	F	C
D	Z	S	V	C	R	H	P	L	Q	T	F	A	C
T	R	B	U	C	A	T	T	A	D	W	V	M	C
R	Q	N	O	Q	G	I	C	P	T	C	R	W	R
S	L	U	D	Q	C	O	S	G	Z	B	J	M	D
L	Q	T	E	D	A	E	B	G	K	Z	L	L	K
O	N	E	E	R	G	H	S	I	R	I	J	O	P
O	Q	N	L	E	M	Q	K	X	U	Z	R	F	E
Q	J	X	M	R	F	H	I	E	C	P	Q	X	L

banshee

donnybrook

glorious

green

March

K	G	E	R	M	E	U	G	M	U	V	C	D	R
J	G	E	I	Z	G	A	U	G	Z	O	H	G	R
N	R	O	R	B	H	K	S	Z	D	H	W	Q	D
H	F	I	S	V	C	P	F	L	J	Q	J	R	H
M	E	W	C	O	R	Z	M	T	V	E	X	J	P
G	D	L	A	B	A	H	A	D	V	W	F	E	Q
L	B	I	C	V	M	D	I	V	A	A	C	N	F
M	Z	M	F	F	S	O	J	L	N	E	E	R	G
H	Z	V	E	E	H	S	N	A	B	T	Z	W	M
P	S	U	O	I	R	O	L	G	J	A	M	C	K
L	C	D	O	N	N	Y	B	R	O	O	K	E	N
O	H	F	X	P	O	W	P	V	A	G	J	U	M

bagpipe

best

delightful

harp

legend

V	B	A	G	P	I	P	E	B	B	R	O	Z	U
H	O	J	S	D	D	Z	I	R	P	I	D	S	O
S	L	V	I	C	T	Z	H	U	O	S	A	A	N
C	L	U	F	T	H	G	I	L	E	D	D	M	U
M	I	L	P	N	F	V	E	X	S	N	E	W	J
A	A	E	W	Q	A	H	P	U	E	V	W	U	N
A	C	A	C	G	X	E	A	G	Z	B	X	C	V
F	I	E	U	O	Q	A	E	R	T	U	G	U	P
R	C	P	P	M	L	L	T	E	P	Z	U	P	W
N	H	Q	E	J	K	S	X	T	K	N	C	M	F
P	N	M	A	J	E	D	R	Q	C	U	B	V	O
J	R	U	Q	B	I	J	T	B	N	N	G	S	N

annual

Gaelic

saint

shamrock

tradition

R	O	X	Q	O	H	P	O	V	Z	G	B	K	N
U	L	M	K	C	O	R	M	A	H	S	Q	L	I
B	U	Z	A	Q	K	V	L	Q	G	W	X	T	F
A	C	E	I	J	J	S	L	E	H	L	U	G	B
N	G	K	P	W	N	W	M	N	A	R	P	J	S
C	I	L	E	A	G	L	A	U	D	R	S	S	B
B	J	T	H	T	B	N	T	D	Q	C	N	X	S
G	X	E	A	E	N	G	S	M	X	F	L	B	R
K	W	Q	I	U	N	O	P	L	C	N	G	C	R
W	C	F	A	S	R	B	M	W	O	Q	C	P	V
A	R	L	W	R	U	E	J	T	N	I	A	S	T
C	T	R	A	D	I	T	I	O	N	U	E	B	K

festive

Ireland

legendary

luck

magical

W	R	G	W	N	X	L	A	A	J	V	L	B	G
Q	K	M	E	V	J	H	X	F	N	U	C	L	B
V	X	Z	M	V	H	H	F	T	C	G	C	A	N
M	C	G	S	Y	I	T	M	K	M	G	E	C	B
X	E	E	K	R	R	U	S	E	Z	J	H	I	W
A	V	N	O	A	E	S	O	Z	P	J	L	G	E
J	I	D	S	D	L	F	M	N	L	X	W	A	Z
L	T	M	P	N	A	Q	W	B	H	X	I	M	N
L	S	C	O	E	N	X	R	V	Z	V	S	T	D
T	E	Q	S	G	D	R	I	T	F	T	Q	L	C
X	F	N	D	E	U	N	T	O	U	T	V	L	R
N	E	Q	B	L	J	Q	K	O	V	P	U	O	K

blarney stone

clover

clover

mischievous

Patrick

A	L	I	E	G	J	B	C	L	O	V	E	R	U
A	Z	U	F	A	I	M	I	M	G	P	P	X	V
C	S	M	I	Z	Q	D	X	Z	U	E	Q	S	J
H	W	H	M	I	P	T	K	T	C	I	Z	T	G
K	U	L	R	E	V	O	L	C	U	F	H	H	M
C	V	I	F	D	H	T	T	M	M	O	G	P	S
I	L	M	I	S	C	H	I	E	V	O	U	S	J
R	E	N	O	T	S	Y	E	N	R	A	L	B	F
T	D	J	G	E	O	B	W	F	D	L	D	U	B
A	X	M	I	R	F	K	T	M	G	M	V	J	P
P	G	X	P	E	C	V	U	R	H	M	A	K	P
N	U	T	J	Z	O	X	S	B	N	V	B	F	B

enjoyable

gold

holiday

leprechaun

memorable

N	W	H	O	L	I	D	A	Y	H	N	I	Q	O
U	E	I	P	G	L	G	L	J	I	J	M	D	F
A	B	L	T	E	H	K	W	D	A	T	E	E	S
H	I	H	P	H	Z	K	J	G	P	L	M	B	D
C	P	D	G	K	H	Z	M	O	B	W	O	J	Z
E	S	H	O	U	W	S	P	A	H	W	R	E	L
R	S	J	L	L	A	P	Y	R	B	E	A	R	U
P	J	E	D	S	X	O	S	D	U	M	B	E	R
E	T	T	Z	C	J	K	R	Z	G	W	L	K	C
L	P	C	D	N	N	V	N	H	D	P	E	M	N
H	K	M	E	C	Q	P	W	D	M	G	P	J	C
A	W	N	B	N	W	O	G	A	B	X	A	K	V

blarney

gold

Irish-themed

joyful

lucky

F	X	I	Q	W	K	Q	U	Q	V	G	X	I	E
D	E	M	E	H	T	H	S	I	R	I	F	X	P
L	G	T	Q	I	R	D	N	K	L	T	E	H	K
N	Y	E	W	L	L	G	T	O	C	A	Z	T	S
I	K	H	E	A	I	P	K	B	H	Q	Q	M	P
F	C	Z	K	H	A	J	L	W	K	C	H	P	E
L	U	S	R	L	O	A	C	P	Z	R	J	D	I
G	L	I	Q	Y	R	V	Q	G	A	P	D	M	P
L	Z	I	F	N	N	Z	E	B	N	J	V	I	P
G	Q	U	E	T	M	A	O	I	Z	H	G	U	H
X	L	Y	P	J	Z	G	O	L	D	A	A	P	G
N	H	Q	D	D	L	D	E	L	T	Q	W	K	U

beer-soaked

lucky

mighty

new

walking stick

K	K	C	I	T	S	G	N	I	K	L	A	W	G
W	N	B	X	D	U	A	K	R	E	S	H	K	A
T	P	R	Y	L	C	X	O	T	R	S	M	Q	T
Q	N	P	T	Y	K	C	U	L	L	X	Q	W	Z
B	I	R	H	F	E	T	N	H	Z	M	M	I	B
P	T	M	G	K	F	S	W	B	S	G	A	O	T
N	J	G	I	W	V	B	X	D	H	L	L	A	F
N	H	S	M	L	U	X	C	S	X	R	U	R	L
R	N	N	B	E	E	R	S	O	A	K	E	D	N
W	P	V	W	F	V	R	I	E	P	D	X	S	L
U	A	I	S	E	K	F	K	R	M	V	L	L	B
H	M	O	P	E	N	P	D	M	C	K	L	P	K

happy

March

pot of gold

Saint Patrick

shamrock

I	B	G	G	X	O	J	T	Q	L	H	P	K	P
R	G	S	M	X	J	T	R	C	H	C	H	B	W
L	I	Y	H	P	A	Z	Z	F	Z	R	C	K	E
P	V	J	P	A	O	O	O	P	I	A	M	E	N
D	Q	O	V	P	M	T	W	R	D	M	F	Z	N
S	Q	V	D	Q	A	R	O	U	L	H	L	B	U
X	B	P	C	M	E	H	O	F	T	G	P	N	W
B	W	T	U	R	U	C	S	C	G	S	P	J	H
S	M	K	C	C	M	R	K	Z	K	O	O	N	I
T	N	N	R	F	B	E	S	Q	R	D	L	A	U
U	J	G	H	S	B	C	C	Q	Z	F	Z	D	Q
Z	K	C	I	R	T	A	P	T	N	I	A	S	G

blessed

lucky

magical

pot-of-gold

wish

K	V	A	F	X	F	L	I	V	X	W	A	T	L
O	R	Q	S	F	U	W	U	B	M	L	L	J	S
U	G	L	N	E	L	D	T	C	E	R	C	W	H
G	Z	Q	I	B	B	M	B	L	K	I	O	B	R
S	P	M	D	C	X	U	O	I	Z	Y	E	I	G
N	I	O	E	M	D	N	K	I	U	O	C	P	C
A	Z	X	S	M	A	G	I	C	A	L	W	M	H
F	W	C	S	Z	C	U	X	W	I	B	F	R	C
Z	B	S	E	J	Q	N	O	I	Q	O	S	X	R
C	N	T	L	L	J	P	C	B	T	A	P	X	N
P	C	H	B	J	L	H	S	I	W	P	E	S	I
C	O	L	M	D	L	O	G	F	O	T	O	P	A

holiday

Irish

merry

parade

potato

X	A	L	D	X	R	H	T	N	L	L	C	O	S
T	D	M	J	G	Z	U	P	U	N	I	M	G	T
K	X	P	Z	T	I	O	S	H	Z	E	W	J	R
Z	K	J	C	P	P	C	U	H	Z	J	S	V	S
M	J	E	Z	A	T	A	W	C	W	G	M	Q	A
C	U	H	S	I	R	I	R	V	Y	G	E	Z	V
Z	M	E	Z	J	N	F	T	A	L	R	N	I	J
E	L	O	M	C	X	G	G	H	D	W	R	R	S
H	H	V	U	X	G	E	C	W	R	E	O	E	L
L	M	M	Y	A	D	I	L	O	H	D	N	X	M
H	U	O	Z	X	L	M	B	J	L	F	X	O	G
O	T	A	T	O	P	C	L	F	H	X	N	L	O

Mazes

The leprechauns keep forgetting where they left their pots of gold. Help them to find the way to the exit and their gold after entering the maze.

Use your finger or a pen or pencil to trace your path through the maze

ST PARTICK'S MAZE EASY - 1

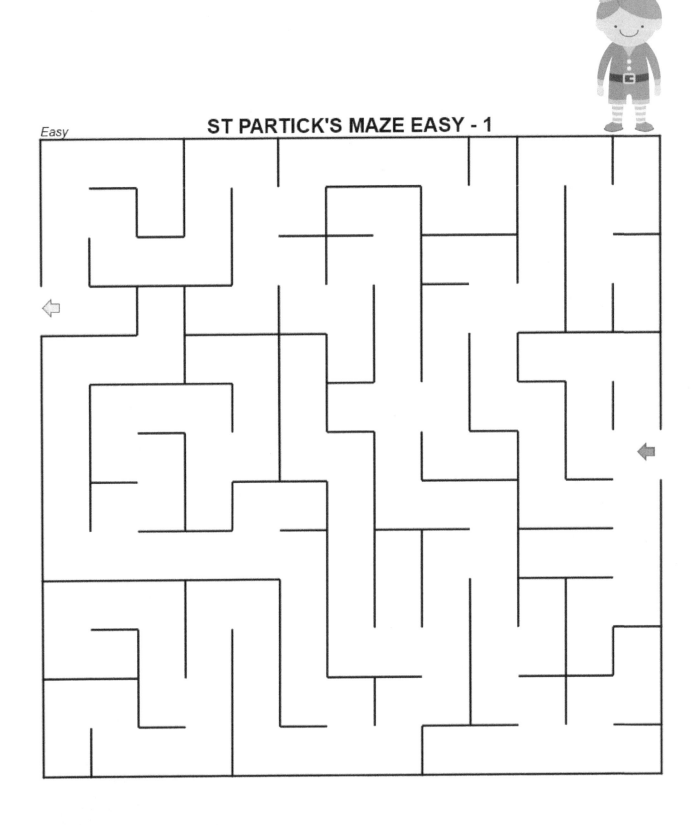

Easy

ST PARTICK'S MAZE EASY - 2

Easy

ST PARTICK'S MAZE EASY - 3

Easy

ST PARTICK'S MAZE EASY - 4

Easy

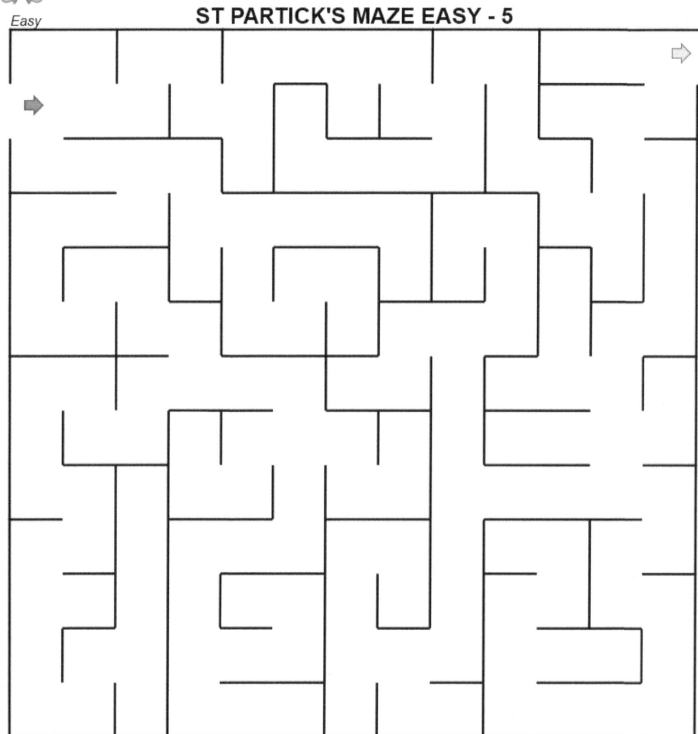

Easy

Easy

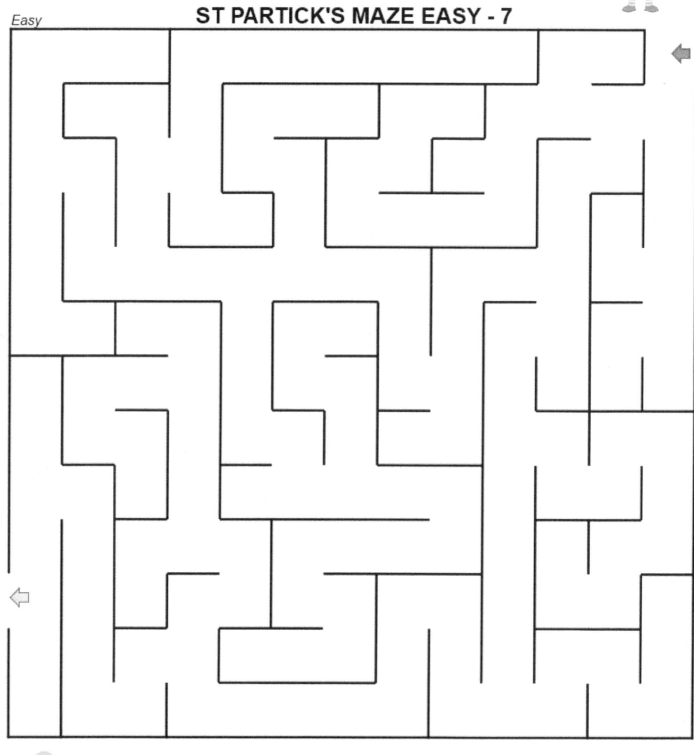

Easy

ST PARTICK'S MAZE EASY - 1

Intermediate

ST PARTICK'S MAZE EASY - 2

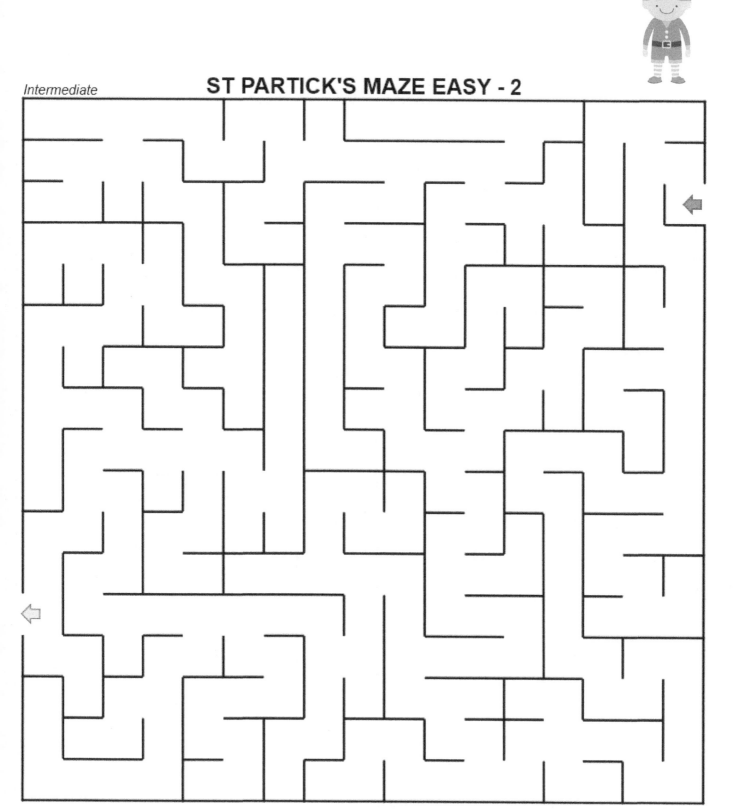

ST PARTICK'S MAZE EASY - 3

ST PARTICK'S MAZE EASY - 4

ST PARTICK'S MAZE EASY - 5

Intermediate

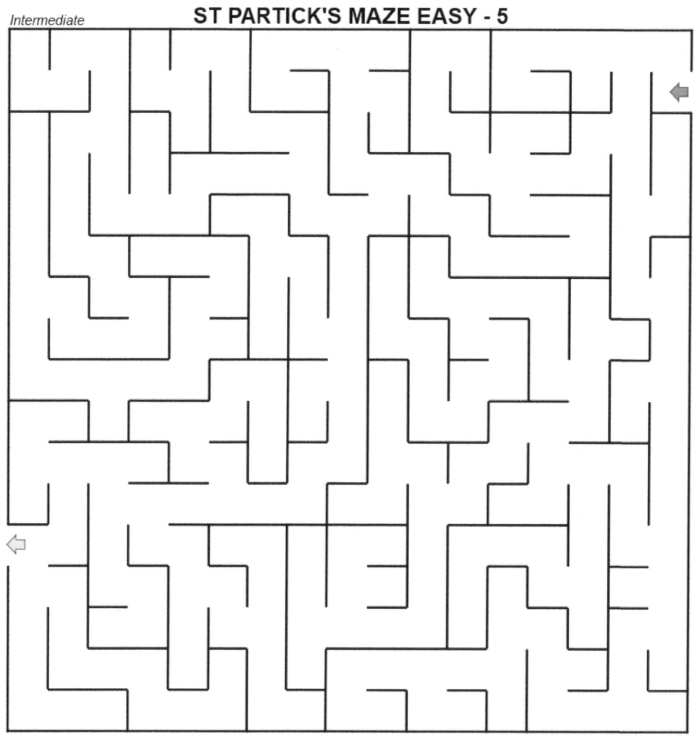

Intermediate

ST PARTICK'S MAZE EASY - 6

ST PARTICK'S MAZE EASY - 7

ST PARTICK'S MAZE EASY - 8

WORD SCRAMBLE

FIND AS MANY WORDS AS YOU CAN IN THE GRID WITHIN 4 MINUTES, WHILST ADHERING TO THE FOLLOWING RULES:

-THE LETTERS MUST BE ADJOINING IN A 'CHAIN'. (LETTERS IN THE CHAIN MAY BE ADJACENT HORIZONTALLY, VERTICALLY, OR DIAGONALLY.)
-EACH WORD MUST CONTAIN AT LEAST THREE LETTERS.
-NO LETTER 'BOX' MAY BE USED MORE THAN ONCE WITHIN A SINGLE WORD.

SCORING

THE SCORING IS AS FOLLOW

FEWER THAN 3 LETTERS: NO SCORE
3 LETTERS: 1 POINT
4 LETTERS: 1 POINT
5 LETTERS: 2 POINTS
6 LETTERS: 3 POINTS
7 LETTERS: 4 POINTS
8 OR MORE LETTERS: 11 POINTS

RULES

-YOU CAN MARK DOWN THE SINGULAR AND PLURAL FORMS OF A NOUN E.G. DOG & DOGS
- YOU MAY ONLY WRITE A WORD DOWN ONCE EVEN IF YOU CAN FORM IT WITH DIFFERENT LETTER 'BOXES'
- ANY WORD THAT IS FOUND IN THE DICTIONARY IS ALLOWED
- YOU CAN MARK DOWN WORDS WITHIN OTHER WORDS E.G. WITH ANGLED YOU COULD ALSO HAVE LED AND ANGLE

St Patrick's Day Word Scramble 1
St Patrick's Day 1

LREOCV	
LUKC	
OOGD LCKU	
RKACITP	
EENGDL	
IJG	
LKUC FO HTE SHIIR	
TOARINDIT	
TAINS KTCIRAP	
TS. PRICAKT	

St Patrick's Day Word Scramble 2
St Patrick's Day 2

.ST DPAY'SD YAD	
SEBEANH	
NBOYODNKRO	
CNOSI	
ARCHM	
CECTLI	
AGCLMIA	
ILKGAWN CITKS	
EEDLRMA NEGRE	

St Patrick's Day 3

LOGD	
CIEGAL	
NGEER	
PHRA	
ELCBATERE	
UKCYL	
OU-LREFAF LOCERV	
CSAHRKMO	
YELRNBA	
ANREBLY ESNTO	

St Patrick's Day 4

ATNIS	
NDLAERI	
GENER	
LREEPAHCUN	
RHAMC	
ARIWNOB	
YCLUK	
OLDG	
CEVLOR	
TNIAS	

St Patrick's Day Word Scramble 5

St Patrick's Day 5

CTKAPRI	
SRHII	
YOADLHI	
IRMKLEIC	
F-G-ODPOLOT	
AOF--FDVLERCEOLURE	
APERDA	
MARKCHSO	
SIHW	
ULNDBI	

St Patrick's Day Word Scramble 6

St Patrick's Day 6

TS TASI'PRKC YDA	
LENDIAR	
RIHIS LRPCBIUE	
TAOOPT	
AKMHSORC	
OTP FO LGOD	
WBAOIRN	
ABGEPPI	
GOB	
IBNLDU	

OYDAIHL	
HAPR	
IJG	
LUKC FO HTE SRIHI	
TETLIL EPOPLE	
ACIGM	
AMGACIL	
RCMAH	
SIMFHICE	
IISVCSHEUOM	

ENTNESHVETE	
MASRHOKC	
HGSILLHEAL	
EKNAS	
EILGCA	
RHSII	
RSIIH EEGNR	
-SREHTDMEHII	
'DSAPYD	
NANLUA	

St Patrick's Day 9

ESK-DEBOARE	
TEBS	
SDESBEL	
RBCAEOYELTR	
HUFREECL	
LUGTLDFHIE	
NBYEAEJOL	
IFTNATCAS	
FSETIEV	
REFREVO	

St Patrick's Day 10

FNU	
IEGNUEN	
GSORILUO	
OLDG	
ERTGA	
REGNE	
AEHSIPTP	
PHPAY	
YUFJLO	
JSYUOO	

St Patrick's Day Word Scramble 11

St Patrick's Day 11

GDLRYNEEA	
KYCUL	
AGLACMI	
RLMAEEOMB	
RRMYE	
IYTMHG	
ENW	
IMRAETGN	
HYTMS	
TPO	
NITP	

SUDOKU

LEPRECHAUNS HAVE TERRIBLE MEMORIES AND ALWAYS FORGET WHERE THEY LEAVE THEIR GOLD. PLAY THE FOLLOWING SUDOKU GAMES TO HELP THEM REMEMBER WHERE IT WAS LEFT.

THE OBJECTIVE IS TO FILL THE 4×4 (EASY) OR 6x6 (MEDIUM) GRID WITH DIGITS SO THAT EACH COLUMN, EACH ROW, AND EACH OF THE "BOXES", CONTAIN ALL OF THE DIGITS FROM 1 TO 4 FOR THE EASY PUZZLES OR 1 TO 6 FOR THE MEDIUM ONES.

YOU ARE PROVIDED A PARTIALLY COMPLETED PUZZLE TO COMPLETE, WITH A SINGLE SOLUTION.

ANSWERS CAN BE FOUND AT THE BACK OF THE BOOK.

ST PATRICK'S DAY SUDOKU EASY - 1

3		4	
4			3
	4		2
	3	1	

ST PATRICK'S DAY SUDOKU EASY - 2

	3		1
		2	3
3	4		
1		3	

ST PATRICK'S DAY SUDOKU EASY - 3

		2	4
2		1	
	3		2
4	2		

ST PATRICK'S DAY SUDOKU EASY - 4

	4		2
	1	4	
4		2	
1			4

ST PATRICK'S DAY SUDOKU EASY - 5

	4	2	
	2		4
4		1	
2			3

ST PATRICK'S DAY SUDOKU EASY - 6

	3	2	
	2	4	
3			2
2			4

ST PATRICK'S DAY SUDOKU EASY - 7

1		2	
3		4	
	3		2
	1		4

ST PATRICK'S DAY SUDOKU EASY - 8

	4	2	
2			4
4			1
	1	4	

ST PATRICK'S DAY SUDOKU EASY - 9

	3	1	
	4		3
4		3	
3			1

ST PATRICK'S DAY SUDOKU EASY - 10

	4	1	
3			4
	2		1
1		4	

ST PATRICK'S DAY SUDOKU EASY - 11

4		1	
1			4
	1	4	
	4		1

ST PATRICK'S DAY SUDOKU EASY - 12

1		3	
3			1
	1	4	
	3		2

	1	2	
	3		1
3		1	
1			2

4	2		
	3		4
		1	3
3		4	

		4	2
2		1	
	2		1
1	3		

		2	4
2	4		
4		3	
	3		2

	4	1	
		2	4
4	2		
1			2

	1	4	
4			3
1	3		
		3	1

3	4		
1			3
	1	3	
		1	4

3	2		
4		2	
	4		2
		4	1

4	5				1
	6			2	5
	3		5	1	
2	5			4	
	4	2	1	6	
1		3	2		4

2		6	1	4	
1	3		5		
	2	3		1	
6	4				5
		5		6	2
	6	2	3		1

	4	5	6		
3	2	6			
6			5	2	3
			1	4	6
2	5			6	
		3	2	1	5

	3	5			2
			6	3	5
	2	6	3	5	
1		3	2		
3	4		5		6
5		2		4	

2		4		1	
6			3		2
	6	2	1		
1	5	3			4
5	4			3	
	2		4	6	5

	6			4	5
5				3	6
1			3		4
3		4	5		
4	1	2	6		
	3	5	4	1	

2			4	1	
6	1		5		3
5				3	2
	2	6		4	
4	6	2	3		
	5	3			4

3		1			4
			5	3	1
6		5	4		
4	1		2		6
1	4	2		6	
	3			4	2

1			4	3	
4	6	3			1
	4		3		5
	3	2	1	6	
3			6		2
	1	6		4	

	6	1		2	
4			5	6	
3	1	4			2
	2		3		4
	4	6	2	3	
2			1		6

	6		2		3
	3	5	4	6	
1			6		5
	5	3		4	
5			3	2	
3	4	2			6

4		5			3
	1		5	4	6
		4		5	1
6	5	1			
	4		1	3	
1		3	4		5

	4	2	5		6
6		1			4
2	3		6		
4				5	2
	6		1	2	
1	2	3		6	

	3		5		6
6	5	4			1
1	4			2	
3				5	4
		3	4	6	2
4		2	3		

	5	2		6	1
1		3	5		
3			6		4
6			1		5
	1	6		3	5
	3			1	2

4			5	6	
	6			5	2
	4		3	2	
	3	1		4	5
6			2	5	
3	5		2		6

2				3	1
3		5		4	
	3	6	4		5
		2		1	3
	5		1	6	
6	2		3		4

	5		4	6	
1	6	4		3	
6	2		3		4
4		3	6		
		6		5	3
	3	1			6

	1		4	5	2
2		4		6	1
		5	2		6
3			1	4	
	2	6	5		
5	3			2	

1			6	3	4
		3		5	1
	4	6	3		2
3			1		4
	1		4	6	
6	3				5

COLOR AND FIND

COLOR IN THE FOLLOWING COLORING PAGES.

EACH PAGE HAS A HIDDEN OBJECT THAT YOU MUST FIND HIDDEN WITHIN THE DRAWING.

BY COLORING IN THE PICTURE YOU WILL BE ABLE TO IDENTIFY WHEN YOU HAVE SUCCESSFULLY COLORED IN THE HIDDEN IMAGES

Color in, and find the Shillelagh in this picture

Color in, and find the 3 Rainbows in this picture

Color in, and find the Four Leaf Clovers in this picture

Color in, and find the 3 Harps in this picture

Color in, and find the 4 Shamrocks in this picture

Color in, and find 4 Celtic Crosses in this picture

Color in and Find the 7 St. Patrick Day items in this Picture

SOLUTIONS

WE HOPE YOU ENJOYED PLAYING THROUGH THESE GAMES AND HELPING THE LEPRECHAUNS FIND OR REMEMBER WHERE THEY LEFT THEIR GOLD.

THE FOLLOWING PAGES CONTAIN THE ANSWERS TO ALL OF THE PUZZLES.

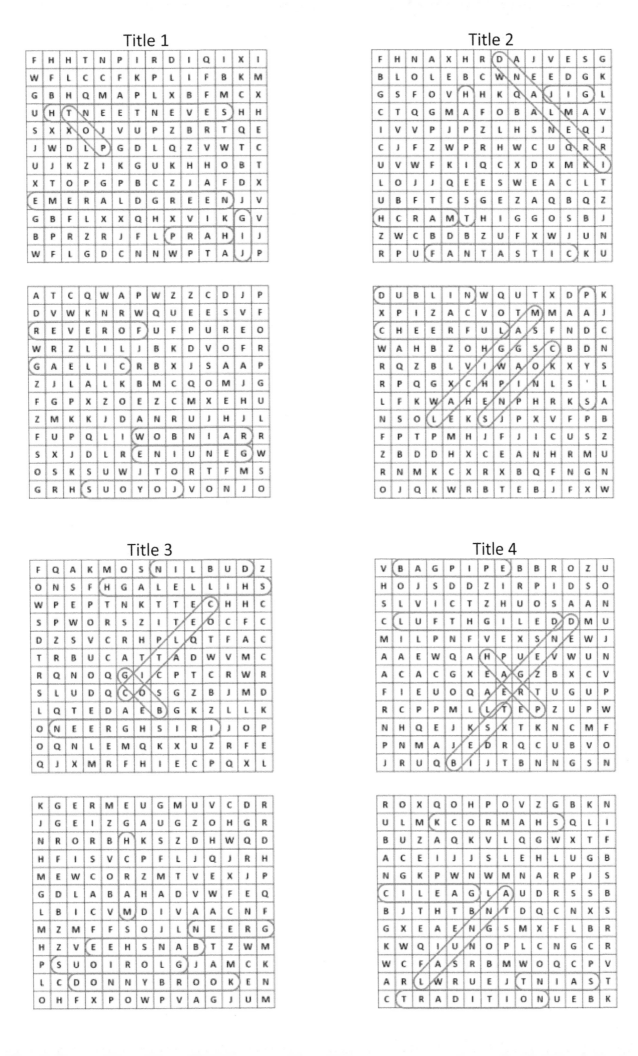

Title 1

```
F H H T N P I R D I Q I X I
W F L C C F K P L I F B K M
G B H Q M A P L X B F M C X
U H T N E E T N E V E S H H
S X X O J V U P Z B R T Q E
J W D L P G D L Q Z V W T C
U J K Z I K G U K H H O B T
X T O P G P B C Z J A F D X
E M E R A L D G R E E N J V
G B F L X X Q H X V I K G V
B P R Z R J F L P R A H I J
W F L G D C N N W P T A J P
```

```
A T C Q W A P W Z Z C D J P
D V W K N R W Q U E E S V F
R E V E R O F U F P U R E O
W R Z L I L J B K D V O F R
G A E L I C R B X J S A A P
Z J L A L K B M C Q O M J G
F G P X Z O E Z C M X E H U
Z M K K J D A N R U J H J L
F U P Q L I W O B N I A R R
S X J D L R E N I U N E G W
O S K S U W J T O R T F M S
G R H S U O Y O J V O N J O
```

Title 2

```
F H N A X H R D A J V E S G
B L O L E B C W N E E D G K
G S F O V H H K Q A J I G L
C T Q G M A F O B A L M A V
I V V P J P Z L H S N E Q J
C J F Z W P R H W C U G R R
U V W F K I Q C X D X M K I
L O J J Q E E S W E A C L T
U B F T C S G E Z A Q B Q Z
H C R A M T H I G G O S B J
Z W C B D B Z U F X W J U N
R P U F A N T A S T I C K U
```

```
D U B L I N W Q U T X D P K
X P I Z A C V O T M M A A J
C H E E R F U L A S F N D C
W A H B Z O H G S C B D N
R Q Z B L V I W A O K X Y S
R P Q G X C H P I N L S ' L
L F K W A H E N P H R K S A
N S O L E K S J P X V F P B
F P T P M H J F J I C U S Z
Z B D D H X C E A N H R M U
R N M K C X R X B Q F N G N
O J Q K W R B T E B J F X W
```

Title 3

```
F Q A K M O S N I L B U D Z
O N S F H G A L E L L I H S
W P E P T N K T T E C H H C
S P W O R S Z I T E O C F C
D Z S V C R H P L Q T F A C
T R B U C A T T A D W V M C
R Q N O Q G I C P T C R W R
S L U D Q C O S G Z B J M D
L Q T E D A E B G K Z L L K
O N E E R G H S I R I J O P
O Q N L E M Q K X U Z R F E
Q J X M R F H I E C P Q X L
```

```
K G E R M E U G M U V C D R
J G E I Z G A U G Z O H G R
N R O R B H K S Z D H W Q D
H F I S V C P F L J Q J R H
M E W C O R Z M T V E X J P
G D L A B A H A D V W F E Q
L B I C V M D I V A A C N F
M Z M F F S O J L N E E R G
H Z V E E H S N A B T Z W M
P S U O I R O L G J A M C K
L C D O N N Y B R O O K E N
O H F X P O W P V A G J U M
```

Title 4

```
V B A G P I P E B B R O Z U
H O J S D D Z I R P I D S O
S L V I C T Z H U O S A A N
C L U F T H G I L E D D M U
M I L P N F V E X S N E W J
A A E W Q A H P U E V W U N
A C A C G X E A G Z B X C V
F I E U O Q A R T U G U P
R C P P M L L T E P Z U P W
N H Q E J K S X T K N C M F
P N M A J E D R Q C U B V O
J R U Q B I J T B N N G S N
```

```
R O X Q O H P O V Z G B K N
U L M K C O R M A H S Q L I
B U Z A Q K V L Q G W X T F
A C E I J J S L E H L U G B
N G K P W N W M N A R P J S
C I L E A G L A U D R S S B
B J T H T B N T D Q C N X S
G X E A E N G S M X F L B R
K W Q I U N O P L C N G C R
W C F A S R B M W O Q C P V
A R L W R U E J T N I A S T
C T R A D I T I O N U E B K
```

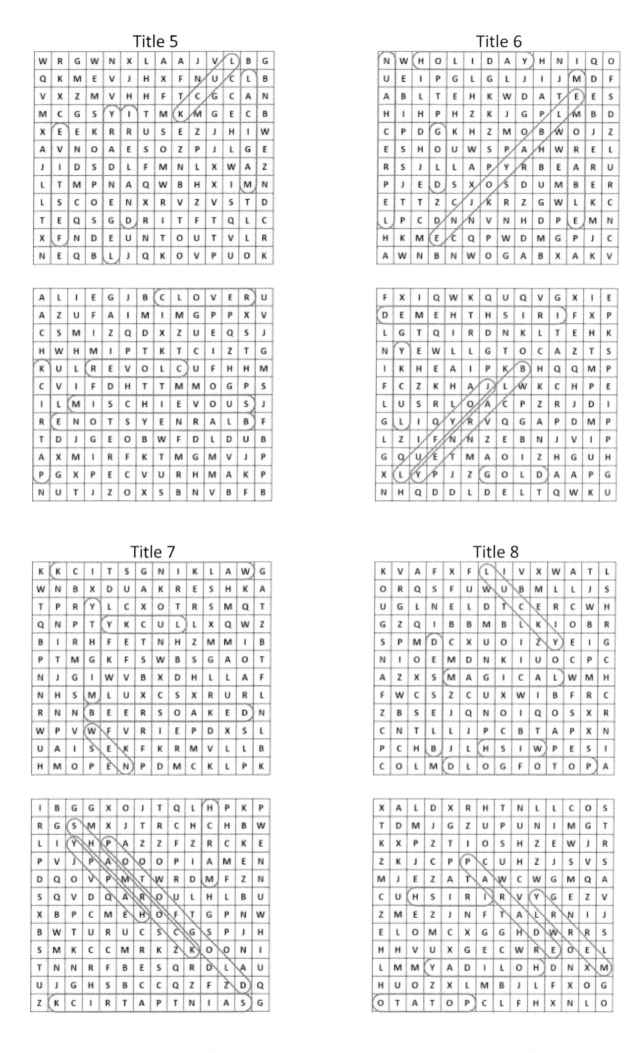

Title 5

W	R	G	W	N	X	L	A	A	J	V	L	B	G
Q	K	M	E	V	J	H	X	F	N	U	C	L	B
V	X	Z	M	V	H	H	F	T	C	G	C	A	N
M	C	G	S	Y	I	T	M	K	M	G	E	C	B
X	E	E	K	R	R	U	S	E	Z	J	H	I	W
A	V	N	O	A	E	S	O	Z	P	J	L	G	E
J	I	D	S	D	L	F	M	N	L	X	W	A	Z
L	T	M	P	N	A	Q	W	B	H	X	I	M	N
L	S	C	O	E	N	X	R	V	Z	V	S	T	D
T	E	Q	S	G	D	R	I	T	F	T	Q	L	C
X	F	N	D	E	U	N	T	O	U	T	V	L	R
N	E	Q	B	L	J	Q	K	O	V	P	U	O	K

A	L	I	E	G	J	B	C	L	O	V	E	R	U
A	Z	U	F	A	I	M	I	M	G	P	P	X	V
C	S	M	I	Z	Q	D	X	Z	U	E	Q	S	J
H	W	H	M	I	P	T	K	T	C	I	Z	T	G
K	U	L	R	E	V	O	L	C	U	F	H	H	M
C	V	I	F	D	H	T	T	M	M	O	G	P	S
I	L	M	I	S	C	H	I	E	V	O	U	S	J
R	E	N	O	T	S	Y	E	N	R	A	L	B	F
T	D	J	G	E	O	B	W	F	D	L	D	U	B
A	X	M	I	R	F	K	T	M	G	M	V	J	P
P	G	X	P	E	C	V	U	R	H	M	A	K	P
N	U	T	J	Z	O	X	S	B	N	V	B	F	B

Title 6

N	W	H	O	L	I	D	A	Y	H	N	I	Q	O
U	E	I	P	G	L	G	L	J	I	J	M	D	F
A	B	L	T	E	H	K	W	D	A	T	E	E	S
H	I	H	P	H	Z	K	J	G	P	L	M	B	D
C	P	D	G	K	H	Z	M	O	B	W	O	J	Z
E	S	H	O	U	W	S	P	A	H	W	R	E	L
R	S	J	L	L	A	P	Y	R	B	E	A	R	U
P	J	E	D	S	X	O	S	D	U	M	B	E	R
E	T	T	Z	C	J	K	R	Z	G	W	L	K	C
L	P	C	D	N	N	V	N	H	D	P	E	M	N
H	K	M	E	C	Q	P	W	D	M	G	P	J	C
A	W	N	B	N	W	O	G	A	B	X	A	K	V

F	X	I	Q	W	K	Q	U	Q	V	G	X	I	E
D	E	M	E	H	T	H	S	I	R	I	F	X	P
L	G	T	Q	I	R	D	N	K	L	T	E	H	K
N	Y	E	W	L	L	G	T	O	C	A	Z	T	S
I	K	H	E	A	I	P	K	B	H	Q	Q	M	P
F	C	Z	K	H	A	J	L	W	K	C	H	P	E
L	U	S	R	L	Q	A	C	P	Z	R	J	D	I
G	L	I	O	Y	R	V	Q	G	A	P	D	M	P
L	Z	I	F	N	N	Z	E	B	N	J	V	I	P
G	O	U	E	T	M	A	O	I	Z	H	G	U	H
X	L	Y	P	J	Z	G	O	L	D	A	A	P	G
N	H	Q	D	D	L	D	E	L	T	Q	W	K	U

Title 7

K	K	C	I	T	S	G	N	I	K	L	A	W	G
W	N	B	X	D	U	A	K	R	E	S	H	K	A
T	P	R	Y	L	C	X	O	T	R	S	M	Q	T
Q	N	P	T	Y	K	C	U	L	L	X	Q	W	Z
B	I	R	H	F	E	T	N	H	Z	M	M	I	B
P	T	M	G	K	F	S	W	B	S	G	A	O	T
N	J	G	I	W	V	B	X	D	H	L	L	A	F
N	H	S	M	L	U	X	C	S	X	R	U	R	L
R	N	N	B	E	E	R	S	O	A	K	E	D	N
W	P	V	W	F	V	R	I	E	P	D	X	S	L
U	A	I	S	E	K	F	K	R	M	V	L	L	B
H	M	O	P	E	N	P	D	M	C	K	L	P	K

I	B	G	G	X	O	J	T	Q	L	H	P	K	P
R	G	S	M	X	J	T	R	C	H	C	H	B	W
L	I	Y	H	P	A	Z	Z	F	Z	R	C	K	E
P	V	J	P	A	O	O	O	P	I	A	M	E	N
D	Q	O	V	P	M	T	W	R	D	M	F	Z	N
S	Q	V	D	Q	A	R	O	U	L	H	L	B	U
X	B	P	C	M	E	H	O	F	T	G	P	N	W
B	W	T	U	R	U	C	S	C	G	S	P	J	H
S	M	K	C	C	M	R	K	Z	K	O	O	N	I
T	N	N	R	F	B	E	S	Q	R	D	L	A	U
U	J	G	H	S	B	C	C	Q	Z	F	Z	D	Q
Z	K	C	I	R	T	A	P	T	N	I	A	S	G

Title 8

K	V	A	F	X	F	L	I	V	X	W	A	T	L
O	R	Q	S	F	U	W	U	B	M	L	L	J	S
U	G	L	N	E	L	D	T	C	E	R	C	W	H
G	Z	Q	I	B	B	M	B	L	K	I	O	B	R
S	P	M	D	C	X	U	O	I	Z	Y	E	I	G
N	I	O	E	M	D	N	K	I	U	O	C	P	C
A	Z	X	S	M	A	G	I	C	A	L	W	M	H
F	W	C	S	Z	C	U	X	W	I	B	F	R	C
Z	B	S	E	J	Q	N	O	I	Q	O	S	X	R
C	N	T	L	L	J	P	C	B	T	A	P	X	N
P	C	H	B	J	L	H	S	I	W	P	E	S	I
C	O	L	M	D	L	O	G	F	O	T	O	P	A

X	A	L	D	X	R	H	T	N	L	L	C	O	S
T	D	M	J	G	Z	U	P	U	N	I	M	G	T
K	X	P	Z	T	I	O	S	H	Z	E	W	J	R
Z	K	J	C	P	P	C	U	H	Z	J	S	V	S
M	J	E	Z	A	T	A	W	C	W	G	M	Q	A
C	U	H	S	I	R	I	R	V	Y	G	E	Z	V
Z	M	E	Z	J	N	F	T	A	L	R	N	I	J
E	L	O	M	C	X	G	G	H	D	W	R	R	S
H	H	V	U	X	G	E	C	W	R	E	O	E	L
L	M	M	Y	A	D	I	L	O	H	D	N	X	M
H	U	O	Z	X	L	M	B	J	L	F	X	O	G
O	T	A	T	O	P	C	L	F	H	X	N	L	O

Maze Solutions 1

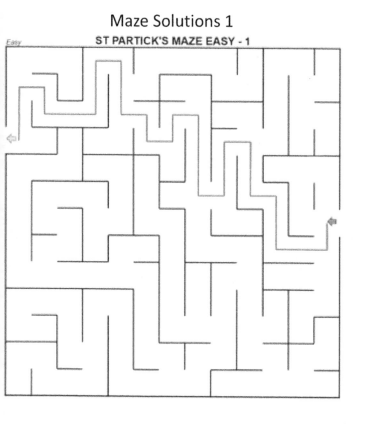

ST PARTICK'S MAZE EASY - 1

Maze Solutions 2

ST PARTICK'S MAZE EASY - 2

Maze Solutions 3

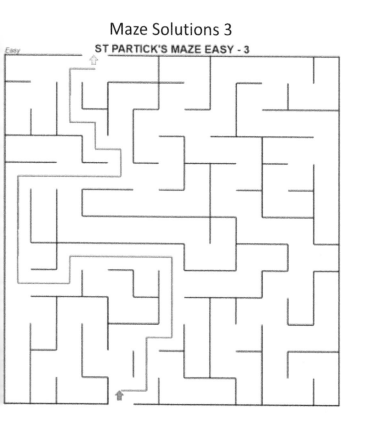

ST PARTICK'S MAZE EASY - 3

Maze Solutions 4

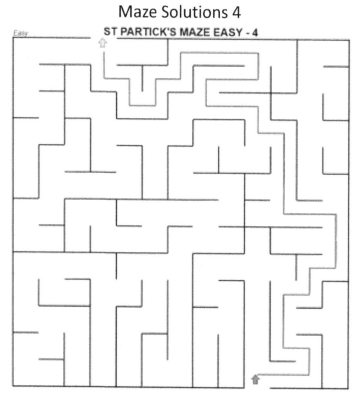

ST PARTICK'S MAZE EASY - 4

Maze Solutions 5

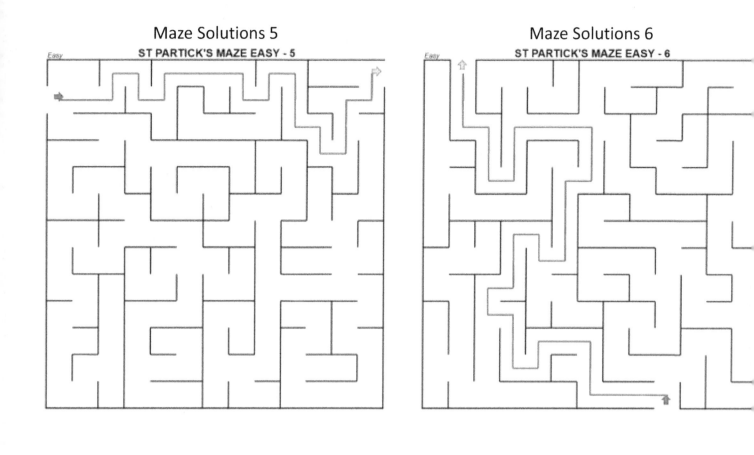

Maze Solutions 6

Maze Solutions 7

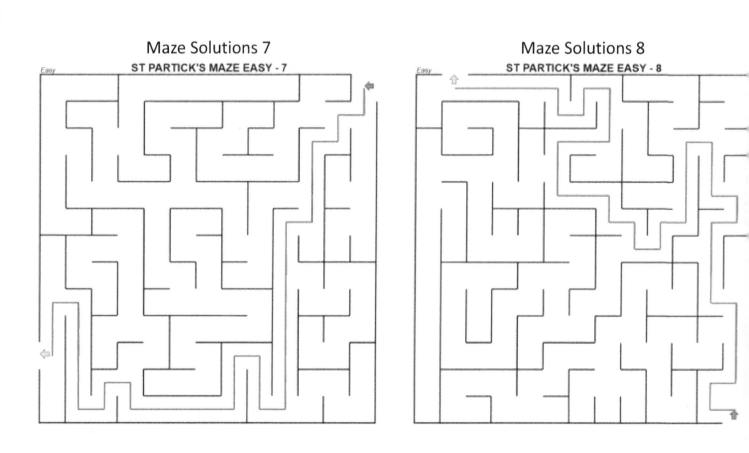

Maze Solutions 8

Maze Solutions 1

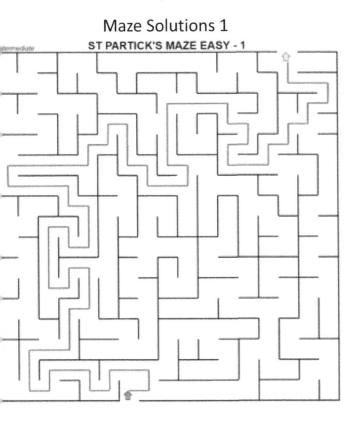

Maze Solutions 2

Maze Solutions 3

Maze Solutions 4

Maze Solutions 5

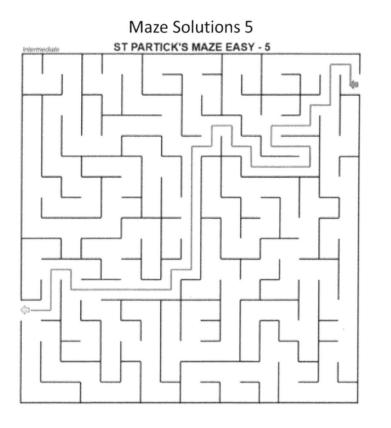

Maze Solutions 6

Maze Solutions 7

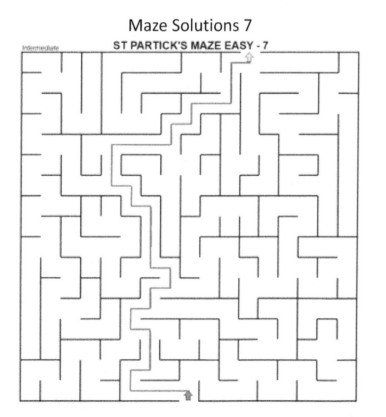

Maze Solutions 8

ST PATRICK'S DAY SUDOKU EASY - 1
(Solution)

3	2	4	1
4	1	2	3
1	4	3	2
2	3	1	4

ST PATRICK'S DAY SUDOKU EASY - 2
(Solution)

2	3	4	1
4	1	2	3
3	4	1	2
1	2	3	4

ST PATRICK'S DAY SUDOKU EASY - 5
(Solution)

3	4	2	1
1	2	3	4
4	3	1	2
2	1	4	3

ST PATRICK'S DAY SUDOKU EASY - 6
(Solution)

4	3	2	1
1	2	4	3
3	4	1	2
2	1	3	4

ST PATRICK'S DAY SUDOKU EASY - 3
(Solution)

3	1	2	4
2	4	1	3
1	3	4	2
4	2	3	1

ST PATRICK'S DAY SUDOKU EASY - 4
(Solution)

3	4	1	2
2	1	4	3
4	3	2	1
1	2	3	4

ST PATRICK'S DAY SUDOKU EASY - 7
(Solution)

1	4	2	3
3	2	4	1
4	3	1	2
2	1	3	4

ST PATRICK'S DAY SUDOKU EASY - 8
(Solution)

1	4	2	3
2	3	1	4
4	2	3	1
3	1	4	2

ST PATRICK'S DAY SUDOKU EASY - 9
(Solution)

2	3	1	4
1	4	2	3
4	1	3	2
3	2	4	1

ST PATRICK'S DAY SUDOKU EASY - 10
(Solution)

2	4	1	3
3	1	2	4
4	2	3	1
1	3	4	2

ST PATRICK'S DAY SUDOKU EASY - 13
(Solution)

4	1	2	3
2	3	4	1
3	2	1	4
1	4	3	2

ST PATRICK'S DAY SUDOKU EASY - 14
(Solution)

4	2	3	1
1	3	2	4
2	4	1	3
3	1	4	2

ST PATRICK'S DAY SUDOKU EASY - 11
(Solution)

4	2	1	3
1	3	2	4
3	1	4	2
2	4	3	1

ST PATRICK'S DAY SUDOKU EASY - 12
(Solution)

1	2	3	4
3	4	2	1
2	1	4	3
4	3	1	2

ST PATRICK'S DAY SUDOKU EASY - 15
(Solution)

3	1	4	2
2	4	1	3
4	2	3	1
1	3	2	4

ST PATRICK'S DAY SUDOKU EASY - 16
(Solution)

3	1	2	4
2	4	1	3
4	2	3	1
1	3	4	2

ST PATRICK'S DAY SUDOKU EASY - 17 (Solution)

2	4	1	3
3	1	2	4
4	2	3	1
1	3	4	2

ST PATRICK'S DAY SUDOKU EASY - 18 (Solution)

3	1	4	2
4	2	1	3
1	3	2	4
2	4	3	1

ST PATRICK'S DAY SUDOKU MEDIUM - 1 (Solution)

4	2	5	6	3	1
3	1	6	4	2	5
6	3	4	5	1	2
2	5	1	3	4	6
5	4	2	1	6	3
1	6	3	2	5	4

ST PATRICK'S DAY SUDOKU MEDIUM - 2 (Solution)

2	5	6	1	4	3
1	3	4	5	2	6
5	2	3	6	1	4
6	4	1	2	3	5
3	1	5	4	6	2
4	6	2	3	5	1

ST PATRICK'S DAY SUDOKU EASY - 19 (Solution)

3	4	2	1
1	2	4	3
4	1	3	2
2	3	1	4

ST PATRICK'S DAY SUDOKU EASY - 20 (Solution)

3	2	1	4
4	1	2	3
1	4	3	2
2	3	4	1

ST PATRICK'S DAY SUDOKU MEDIUM - 3 (Solution)

1	4	5	6	3	2
3	2	6	4	5	1
6	1	4	5	2	3
5	3	2	1	4	6
2	5	1	3	6	4
4	6	3	2	1	5

ST PATRICK'S DAY SUDOKU MEDIUM - 4 (Solution)

6	3	5	4	1	2
2	1	4	6	3	5
4	2	6	3	5	1
1	5	3	2	6	4
3	4	1	5	2	6
5	6	2	1	4	3

ST PATRICK'S DAY SUDOKU MEDIUM - 5 (Solution)

2	3	4	5	1	6
6	1	5	3	4	2
4	6	2	1	5	3
1	5	3	6	2	4
5	4	6	2	3	1
3	2	1	4	6	5

ST PATRICK'S DAY SUDOKU MEDIUM - 6 (Solution)

2	6	3	1	4	5
5	4	1	2	3	6
1	5	6	3	2	4
3	2	4	5	6	1
4	1	2	6	5	3
6	3	5	4	1	2

ST PATRICK'S DAY SUDOKU MEDIUM - 9 (Solution)

1	2	5	4	3	6
4	6	3	2	5	1
6	4	1	3	2	5
5	3	2	1	6	4
3	5	4	6	1	2
2	1	6	5	4	3

ST PATRICK'S DAY SUDOKU MEDIUM - 10 (Solution)

5	6	1	4	2	3
4	3	2	5	6	1
3	1	4	6	5	2
6	2	5	3	1	4
1	4	6	2	3	5
2	5	3	1	4	6

ST PATRICK'S DAY SUDOKU MEDIUM - 7 (Solution)

2	3	5	4	1	6
6	1	4	5	2	3
5	4	1	6	3	2
3	2	6	1	4	5
4	6	2	3	5	1
1	5	3	2	6	4

ST PATRICK'S DAY SUDOKU MEDIUM - 8 (Solution)

3	5	1	6	2	4
2	6	4	5	3	1
6	2	5	4	1	3
4	1	3	2	5	6
1	4	2	3	6	5
5	3	6	1	4	2

ST PATRICK'S DAY SUDOKU MEDIUM - 11 (Solution)

4	6	1	2	5	3
2	3	5	4	6	1
1	2	4	6	3	5
6	5	3	1	4	2
5	1	6	3	2	4
3	4	2	5	1	6

ST PATRICK'S DAY SUDOKU MEDIUM - 12 (Solution)

4	6	5	2	1	3
3	1	2	5	4	6
2	3	4	6	5	1
6	5	1	3	2	4
5	4	6	1	3	2
1	2	3	4	6	5

ST PATRICK'S DAY SUDOKU MEDIUM - 13 (Solution)

3	4	2	5	1	6
6	5	1	2	3	4
2	3	5	6	4	1
4	1	6	3	5	2
5	6	4	1	2	3
1	2	3	4	6	5

ST PATRICK'S DAY SUDOKU MEDIUM - 14 (Solution)

2	3	1	5	4	6
6	5	4	2	3	1
1	4	5	6	2	3
3	2	6	1	5	4
5	1	3	4	6	2
4	6	2	3	1	5

ST PATRICK'S DAY SUDOKU MEDIUM - 17 (Solution)

2	6	4	5	3	1
3	1	5	2	4	6
1	3	6	4	2	5
5	4	2	6	1	3
4	5	3	1	6	2
6	2	1	3	5	4

ST PATRICK'S DAY SUDOKU MEDIUM - 18 (Solution)

3	5	2	4	6	1
1	6	4	5	3	2
6	2	5	3	1	4
4	1	3	6	2	5
2	4	6	1	5	3
5	3	1	2	4	6

ST PATRICK'S DAY SUDOKU MEDIUM - 15 (Solution)

4	5	2	3	6	1
1	6	3	5	4	2
3	2	5	6	1	4
6	4	1	2	5	3
2	1	6	4	3	5
5	3	4	1	2	6

ST PATRICK'S DAY SUDOKU MEDIUM - 16 (Solution)

4	2	5	1	6	3
1	6	3	4	5	2
5	4	6	3	2	1
2	3	1	6	4	5
6	1	2	5	3	4
3	5	4	2	1	6

ST PATRICK'S DAY SUDOKU MEDIUM - 19 (Solution)

6	1	3	4	5	2
2	5	4	3	6	1
1	4	5	2	3	6
3	6	2	1	4	5
4	2	6	5	1	3
5	3	1	6	2	4

ST PATRICK'S DAY SUDOKU MEDIUM - 20 (Solution)

1	5	2	6	3	4
4	6	3	2	5	1
5	4	6	3	1	2
3	2	1	5	4	6
2	1	5	4	6	3
6	3	4	1	2	5

St Patrick's Day 1 (Solution)

REOCV	clover
UKC	luck
OGD LCKU	good luck
KACITP	Patrick
ENGDL	legend
IG	jig
KUC FO HTE SHIIR	luck of the Irish
OARINDIT	tradition
AINS KTCIRAP	Saint Patrick
S. PRICAKT	St. Patrick

St Patrick's Day 2 (Solution)

.ST DPAY'SD YAD	St. Paddy's Day
SEBEANH	banshee
NBOYODNKRO	donnybrook
CNOSI	coins
ARCHM	March
CECTLI	Celtic
AGCLMIA	magical
ILKGAWN CITKS	walking stick
EEDLRMA NEGRE	emerald green

St Patrick's Day 3 (Solution)

LOGD	gold
CIEGAL	Gaelic
NGEER	green
PHRA	harp
ELCBATERE	celebrate
UKCYL	lucky
OU-LREFAF LOCERV	four-leaf clover
CSAHRKMO	shamrock
YELRNBA	blarney
ANREBLY ESNTO	blarney stone

St Patrick's Day 4 (Solution)

ATNIS	saint
NDLAERI	Ireland
GENER	green
LREEPAHCUN	leprechaun
RHAMC	March
ARIWNOB	rainbow
YCLUK	lucky
OLDG	gold
CEVLOR	clover
TNIAS	Saint

CTKAPRI	Patrick
SRHII	Irish
YOADLHI	holiday
IRMKLEIC	limerick
F-G-ODPOLOT	pot-of-gold
AOF--FDVLERCEOLURE	four-leafed-clover
APERDA	parade
MARKCHSO	shamrock
SIHW	wish
ULNDBI	Dublin

TS TASI'PRKC YDA	St Patrick's Day
LENDIAR	Ireland
RIHIS LRPCBIUE	Irish Republic
TAOOPT	potato
AKMHSORC	Shamrock
OTP FO LGOD	pot of gold
WBAOIRN	rainbow
ABGEPPI	bagpipe
GOB	bog
IBNLDU	Dublin

OYDAIHL	holiday
HAPR	harp
IJG	Jig
LUKC FO HTE SRIHI	luck of the Irish
TETLIL EPOPLE	little people
ACIGM	magic
AMGACIL	magical
RCMAH	March
SIMFHICE	mischief
IISVCSHEUOM	mischievous

ENTNESHVETE	seventeenth
MASRHOKC	shamrock
HGSILLHEAL	shillelagh
EKNAS	snake
EILGCA	Gaelic
RHSII	Irish
RSIIH EEGNR	Irish green
-SREHTDMEHII	Irish-themed
'DSAPYD	Paddy's
NANLUA	annual

SK-DEBOARE	beer-soaked
EBS	best
GDESBEL	blessed
RBCAEOYELTR	celebratory
HUFREECL	cheerful
UGTLDFHIE	delightful
NBYEAEJOL	enjoyable
FTNATCAS	fantastic
SETIEV	festive
REFREVO	forever

FNU	fun
IEGNUEN	genuine
GSORILUO	glorious
OLDG	gold
ERTGA	great
REGNE	green
AEHSIPTP	happiest
PHPAY	happy
YUFJLO	joyful
JSYUOO	joyous

GDLRYNEEA	legendary
KYCUL	lucky
AGLACMI	magical
RLMAEEOMB	memorable
RRMYE	merry
IYTMHG	mighty
ENW	new
IMRAETGN	Emigrant
HYTMS	Myths
TPO	Pot
NITP	Pint

FREE COLORING BOOK

Get our Konnectd Kids coloring book filled with a variety of over 100 exciting coloring images for kids of all ages.

All you have to do is **scan the code above** with your smartphone camera or enter the link below in your Internet browser to claim your offer!

https://neon.ly/freebook

LEAVE US A REVIEW

We hope you and your kids enjoyed this book. We would really appreciate it if you could take the time to leave us a review on Amazon.

It only takes a minute and would mean the world to us.

Thanks
Konnectd Kids

Come and visit us
www.konnectdkids.com

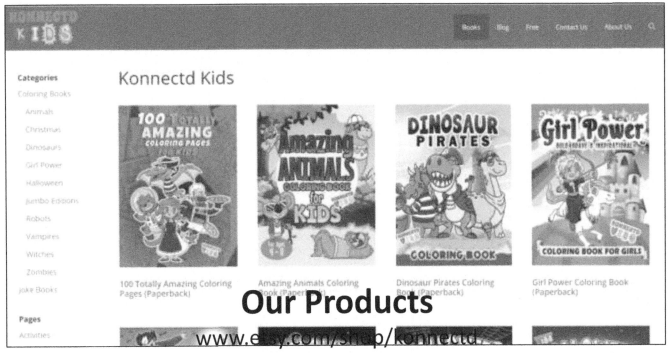

Our Products
www.etsy.com/shop/konnectd
konnectd.redbubble.com

Our Books
www.konnectdkids.com
www.konnectdsupply.com

Find us on Instagram
@Konnectdkids

Follow us on Facebook
facebook.com/Konnectdkids

Made in the USA
Monee, IL
03 March 2022